AF562693

NOTES

POUR SERVIR A L'HISTOIRE

DE L'ÉGLISE DE MONTSOR

Les *Recherches sur l'église de Montsort* (1), de M. l'abbé Antoine ont le mérite de l'actualité. Elles paraissent juste au moment où l'on va enfin jeter bas cet édifice sacré qu'un habitant de Montsor décrivait ainsi naguère :

L'étranger s'arrête avec surprise
Devant un noir pignon, qu'on appelle une église.
. . . .
On dirait une grange, une vieille masure,
Qui fournit aux passants un sujet de censure.

Ces recherches, au reste, n'ont pas été poussées trop avant. L'auteur pensant, sans doute, qu'il devait proportionner son travail à l'importance du sujet, s'est contenté d'une exploration rapide et sommaire.

Posons d'abord une question d'orthographe.

Doit-on écrire Montsort avec deux *t*, comme M. l'abbé Antoine, ou Monsort avec un *t* à la fin comme le chanoine Le Paige, ou enfin Montsor, avec un *t* au milieu du mot, comme Thomas

(1) *Recherches sur la paroisse et sur l'église de Saint-Pierre de Montsort*, par M. l'abbé H. Antoine. Le Mans, Pellechat, 1880, in-8° 1 pl. (Extrait de la Revue du Maine, T. VI et VII).

Cauvin? Cette dernière forme paraît préférable, si l'on remarque qu'on la trouve dans les plus anciens textes, et que le faubourg d'Alençon qui faisait partie du diocèse du Mans, se nommait en latin *Mons Sorus*. *Sor* ou *Soreau* (1) est le nom d'un ruisseau qui coule à l'Est de Montsor et qui passe au *Gué-de-Sor*. Ce ruisseau est mentionné dans une charte que M. l'abbé Antoine n'a pas connue, par laquelle Mathieu d'Alençon, chevalier, afferma à l'abbaye de Saint-Martin de Sées, en 1202 (2) la vavassorerie de la Jarrouce (*Jarroceia*), se réservant un pré mouillé, nommé la Noe-de-Flanion, « *que est ultra Soram* » et le champ du Fai (*Campo Fagi*). L'église de Montsor elle-même avait été donnée à l'abbaye de Saint-Martin de Sées, par Guillaume III, comte d'Alençon, en 1149.

Les Archives municipales d'Alençon renferment des liasses, remontant au milieu du XVIIe siècle, concernant l'église de Montsor. Cependant, M. Antoine dit n'avoir pas trouvé aux archives municipales de document antérieur au compte de 1736.

Les archives départementales de l'Orne (Série G) offraient à M. Antoine une mine de documents beaucoup plus importants qu'il a eu tort de négliger. Il eut été intéressant, par exemple, de donner le texte de la charte de 1140 par laquelle l'évêque du Mans unit la paroisse de Saint-Gilles-de-la-Plaine, appartenant à l'abbaye de Saint-Martin de Sées à celle de Saint-Paterne appartenant à l'abbaye de Lonlai, à la charge par le curé de

(1) Dans deux chartes latines, l'une de Guillaume III, comte d'Alençon, l'autre de Richard Cœur-de-Lion, roi d'Angleterre, en faveur de l'abbaye de Perseigne, le même ruisseau est nommé *Sorel*, forme correspondant à Soreau, diminutif de *Sor*. (*Analyse des documents historiques conservés dans les archives du département de la Sarthe*, par Bilard, n° 500. — *L'Abbaye cistercienne de Perseigne*, par G. Fleury, page 13. Revue historique du Maine, T. IV, 1878.

(2) Livre Blanc de Saint-Martin de Sées, n° 320.

Saint-Paterne de payer à la cure de Montsor, dont les revenus étaient insuffisants, une rente d'un demi muid de *blé tercei*, mesure d'Alençon, contenant deux setiers de froment, deux setiers d'orge et deux setiers d'avoine, payable à la Saint-Denis.

Dans le même fonds, M. Antoine eût trouvé le « Papier du revenu des dismes, premices, cens de l'église de Sainct-Piere de Montsor, l'an mil cinq cent quarante. par Rommé, presbtre. curé dudict Montsor. » Ce registre, que M. Antoine se reprochera certainement de n'avoir pas compulsé, constitue la pièce principale de l'histoire de Montsor. On y trouve d'abord la description de l'enclos de la paroisse avec l'énumération des dimes « tant de bleds, lins, chainviefes, pois, feulves, oingnons, que de fruicts d'abres, aygneaux et laines. » On voit aussi que le curé avait, outre les oblations faites à l'église et les droits paroissiaux, les oblations faites aux jours de pardons en la chapelle Sainte-Catherine au cimetière de la Maison-Dieu. La cure avait en plus le revenu de huit pièces de terre, « données par les gens de bien, pour estre participans ès prières des curés. » Ce revenu, déjà considérable, était encore augmenté du produit de trois dimeries situées dans les paroisses de Saint-Paterne, de Heloup et de Saint-Germain-du-Corbéis, et enfin des rentes et fondations provenant de donations et de legs. Le produit des dimes, laines et droits de Pâque était évalué, en 1543 à 298 livres. En 1544, les dimes produisirent 280 livres; en 1545, 173 livres seulement. Mais en 1546, le produit des dimes atteignit le chiffre de 313 livres; en 1547, il ne fut que de 262 livres. Un relevé complet des chiffres contenus dans ces comptes offrirait, à notre avis, un véritable intérêt pour les économistes. On y trouve, en effet, l'indication de l'importance relative de chaque produit de dime : seigle, orge, avoine, pois, filace, veaux, pourceaux, etc. Nous y relevons encore la note suivante, c'est que si en 1545 le produit de la dime fut moins considérable, « les bledz faillirent presque tous cette année. »

Le même registre nous fait connaître également un curieux inventaire des meubles du presbytère à la même époque, avec les noms de trois curés qui l'occupèrent successivement, à savoir ROMMÉ, en 1540, Guy SORIAU, en 1551, Remy BEAUFILZ, en 1557. Ces détails ont d'autant plus d'intérêt que la liste des curés donnée par M. Antoine, au moyen de renseignements qui lui ont été fournis par les Archives de la Sarthe, ne commence qu'à Etienne Pichon, curé de Montsor en 1578. Nous ferons observer que, dans la liste donnée par M. Antoine, plusieurs de ces noms ont été défigurés. Ainsi, il résulte d'une quittance de rente, sur parchemin, du 21 juillet 1631, qu'à cette date le curé de Montsor était *François Grisard* et non pas *Jean Trisard*, comme le dit M. Antoine. En 1637, nous trouvons *Marin Louvel* que M. Antoine a transformé en *Marin Maulny*.

II

Nous n'avons pas à nous occuper ici des idées de l'auteur. Cependant il est certains jugements qu'il est impossible de laisser passer sans protestation.

« Le premier souvenir historique à nous connu, de l'église actuelle, dit M. Antoine, remonte au XVIe siècle. Le 18 décembre 1835, un homme du nom de Benoît Picher y commit un sacrilège. Son procès lui fut fait, raconte Odolant-Desnos, et, le 23 du même mois, il fut pendu à une potence plantée devant l'Eglise. Après sa mort, on lui coupa le bras qui fut attaché à la potence et tous ses biens furent confisqués. »

Le silence de l'histoire sur la nature même du délit reproché à Benoît Picher et la rapidité avec laquelle il fut jugé et exécuté peuvent inspirer des sentiments de pitié M. l'abbé J. Gautier, dans son *Histoire d'Alençon*, s'est fait l'écho de ce sentiment, en termes convenables. Il se borne à faire remarquer que les juges de la vicomté d'Alençon, qui envoyèrent à la mort Benoît Picher, furent très-expéditifs, que cet homme n'était peut-être qu'un pauvre fou et qu'en tout cas, la confiscation qui atteignit ses héritiers naturels était une peine injuste.

M. Antoine non-seulement blâme les réflexions de son confrère, qu'il appelle des « railleries » de mauvais goût, mais de plus il s'est attaché à justifier la sentence des juges d'Alençon.

« Pour apprécier sainement les faits de cette nature, dit-il, il ne faut pas les envisager avec les idées, les passions et les préjugés de notre époque. Au commencement du XVIe siècle, l'alliance intime de la société civile avec la société religieuse n'était pas rompue ; on croyait encore, et nous sommes loin de contredire à cette croyance, qu'outrager Dieu par un sacrilège public, c'était attirer sur la nation des châtiments certains et se rendre coupable du crime de lèse-patrie.

« De nos jours, la doctrine de l'expiation nationale appelle un sourire sur bien des lèvres : *On estime que c'est à Dieu seul de venger ses injures*. Mais le philosophe peut constater que, sans rien gagner à son divorce avec les choses divines, l'autorité y a perdu de son influence et de son prestige (!) et que, sous le nom sacré de la liberté, se propage au sein des masses, un esprit d'indépendance et de révolte, qui préoccupe et afflige, non sans raison, tous les esprits sérieux. »

Au moment où des rangs des avocats des jésuites, surgissent inopinément les apôtres fanatiques de la liberté absolue en tout et pour tous, il est piquant d'entendre un théologien nous rappeler que les vieilles doctrines de l'absolutisme et de la théocratie sont encore aujourd'hui la meilleure garantie sociale et que l'extermination des hérétiques peut être justifiée au nom des mêmes principes.

Ce que nous aurions souhaité, c'est de trouver quelques renseignements sur Benoît Picher. Malheureusement les registres du bailliage et de la vicomté d'Alençon, déposés depuis un an aux Archives du département, ne remontent pas au delà de la fin du XVIe siècle. Dans le registre de 1540, cité plus haut, on trouve une fondation de messe d'un nommé Richart Picher, probablement parent de Benoît. Rappelons encore que juste deux ans avant le supplice de ce dernier, le curé de Condé-sur-Sarthe, Etienne Le Court, convaincu d'hérésie, subit un traitement encore plus cruel Il fut brûlé vif à Rouen, le 21 décembre 1533. Ces supplices n'empêchèrent pas la réforme de pénétrer à Alençon et de rencontrer de nombreux partisans parmi les ecclésiastiques. On peut même dire que contrairement à l'opinion de M. Antoine, la persécution ne fit qu'irriter les esprits et les disposer à embrasser les doctrines hardies et libératrices proclamées par le moine de Wittemberg. Parmi les membres du clergé qui se rangèrent alors du côté des novateurs, on cite Nicolas Sevin, vicaire de Notre-Dame, Thomas du Perche, curé de Saint-Germain-du-Corbéis et Jean Le Sage, curé de Cuissai.

En 1562, le curé de Notre-Dame, les vicaires et beaucoup d'autres ecclésiastiques avaient publiquement adhéré à la Réforme. Un temple protestant fut alors établi près du boulevard, qui protégeait la ville près du pont de Sarthe.

Nous n'avons pas à rechercher comment ce mouvement, exploité par les princes et par les grands seigneurs qui aspiraient à constituer en France une sorte de république aristocratique, loin de réussir à entraîner les masses, comme en Allemagne, fut de bonne heure détourné de sa voie primitive et affecta une forme particulariste, antipathique au génie national. Mais personne n'ignore que les violences faites aux protestants, pour les forcer à abjurer, soulevèrent l'indignation de toute l'Europe. La révocation de l'Edit de Nantes, réclamée avec instances par les Assemblées du clergé de France, fut l'une des fautes les plus graves que pût commettre Louis XIV.

Ces abjurations inspirent à l'apologiste des juges de Benoît Picher des sentiments tout autres. « L'église de Montsor, dit-il, put se *réjouir* du spectacle de nombreuses abjurations. Les actes en sont consignés sur les registres paroissiaux du temps ; nous transcrivons l'un d'entre eux, qu'on lira peut-être avec intérêt. »

L'acte d'abjuration cité par M. l'abbé Antoine eut lieu le 29 octobre 1685, c'est-à-dire au moment le plus violent de la persécution atroce organisée contre les malheureux protestants. Ce qui n'empêche pas M. Antoine d'ajouter comme conclusion : « A Montsor, on le voit, les abjurations furent libres : tout se passa, pour ainsi dire, au for de la conscience, et sans aucun de ses procédés sommaires que, sur divers points du territoire, du désaveu formel du Saint-Siége, les gens du roi se permirent à l'égard des Calvinistes. »

M. Antoine nous fournit lui-même les moyens de contrôler la valeur de cette assertion incroyable que, du jour ou le lendemain, à la volonté du roi, les protestants renoncèrent librement à leur religion. Le 21 avril 1689, dans la chambre du Président d'Alençon, les habitants assemblés déclarent que « le peu qu'il y avait d'argent dans la ville employé au commerce avait été emporté par quantité de nouveaux catholiques qui s'étaient retirés. »

Ainsi voilà le fait. Après avoir prononcé la formule d'abjuration, un grand nombre de ces « prétendus nouveaux catholiques » qui d'après

M. Antoine auraient joui d'une entière liberté, s'empressèrent de s'enfuir hors du royaume pour protester contre la violence faite à leurs consciences, et pratiquer librement leur religion (1). Le commerce ressentit la plus rude atteinte de cette émigration forcée des meilleures familles de la ville.

Ces faits sont connus de tous ceux qui savent voir. Nous n'espérons pas rendre la lumière à ceux qui s'obstinent à fermer les yeux ; mais il est des contre-vérités historiques qui lancées avec audace et acceptées de confiance par quelques esprits naïfs doivent être signalées partout où elles osent se produire,

A notre tour nous pouvons rappeler que vingt ans avant la révocation de l'édit de Nantes, en 1666, le protestantisme était encore assez vivace dans notre ville pour recruter des adhérents parmi les catholiques, et cela sans l'intervention très-efficace « des gens du roi, » ou plutôt en dépit des persécutions dont les protestants étaient alors l'objet.

Ainsi, le 4 décembre 1669, Louise Chevrel, veuve de Pierre Grelland, se présenta à l'église de Montsor, devant Guillaume le Brot, curé, et là, « en présence d'un grand nombre de peuple venu pour assister a la sainte messe, « déclara que « par une désobéissance très-notable à l'église catholique, apostholique et romaine, s'oitoit pervertie et avoit abandonné la religion catholique pour suivre la prétendue réformée et y estoit malheureusement demeurée l'espace de trois ans ; après lesquels Dieu tout miséricordieux l'ayant touchée et fait rentrer en elle-mesme, la dite Louyse Chevrel a demandé et prié instamment de la recepvoir au nombre

(1) On peut consulter à ce sujet la *Première (et seconde) lettre aux Convertisseurs de France, dans laquelle on leur fait voir l'absurdité de leurs conversions et la honte de leur religion*, Delft. 1686, in-12, par Elie Benoît, ancien ministre à Alençon.

des fidèles catholiques vouloir faire abjuration de son hérésie, etc...... En foy de quoy nous avons dressé le présent acte pour servir de tesmoignage à ceux qui pourroyent douter de sa conversion. »

III

Les faits relatifs à l'histoire du monument même dont nous nous occupons sont en petit nombre et peu importants. On peut citer cependant le procès-verbal d'une assemblée des habitants de Montsor, du 7 mars 1688, lesquels réunis « de leur commun et plein consentement, pour délibérer des affaires concernantes l'église et spécialement de la décoration du grand autel : après avoir meurement delibéré entr'eux, ont consenti et consentent par ce présent que les cent livres données par feu M. Gilberd au thrésor, et de plus, que les deniers revenant bon de la fabrique et thrésor qui sont entre les mains des thrésoriers, qui ont esté et sont en charge, soient employez à la décoration, dorure et *étoffure* dudit grand autel, à la diligence des thrésoriers, conjointement avec M. le curé. »

L'année 1707, où fut installé François des Londes Requier, curé de Montsor, coïncide avec la date de l'érection du clocher. Ce curé qui administra la paroisse pendant un demi-siècle et qui mourut en 1757, âgé de quatre-vingt-dix ans, nous a laissé une déclaration des revenus de la cure, dressée en 1729, dans laquelle on peut puiser des renseignements assez curieux.

« La cure de Monsort est fort à charge et d'un très-petit revenu ; la pauvreté de la cure et des habitans fait qu'aucun prêtre n'y peut demeurer. Il n'y a présentement que le curé pour avoir soin d'environ douze cents communians dont la plupart sont pauvres. C'est Monseigneur l'illustrissime et revendissime évêque du Mans qui est présentateur et collateur de ladite cure.

« Comme le revenu de la cure diminue de jour en jour et que les charges en augmentent, par la quantité de pauvres qui viennent y demeurer, le curé supplie Mrs du bureau de le décharger des taxes, veu que ses prédécesseurs n'en payaient point, pour cause de pauvreté de la cure.

« Le casuel de la cure, année commune, ne produit pas plus de 30 livres ; la plus part des paroissiens étant des pauvres journaliers qui ne payent point le droit de sépulture de leurs parents défuncts, et il faut mesme que le curé donne très-souvent du luminaire pour leurs enterremens.

« Total du revenu de ladite cure 312 livres, 3 sous, 4 deniers. »

« Déduction faite des charges, le curé estimait qu'il ne lui restait que 100 livres « pour vivre, s'entretenir et nourrir deux domestiques le plus souvent occupés à ouvrir la porte aux pauvres de la paroisse. »

Il nous parait que le curé Requier a un peu exagéré la pauvreté de sa cure et de la paroisse, dans le but de se faire décharger de la taxe qu'il payait au bureau des décimes du diocèse du Mans. On voit en effet par le compte des trésoriers, présenté en 1790, que le revenu de la cure était de 4.847 livres.

En 1753, les réparations à faire au presbytère donnèrent lieu à un procès entre le curé et les habitants. On demandait en même temps que le curé remît aux trésoriers de la fabrique les titres de l'église dont il s'était emparé, qu'il rendît compte des deniers provenant des quêtes depuis l'époque de son installation et enfin qu'il fît enlever les arbres qu'il avait fait planter dans la cour et dans le jardin du presbytère « proche les murs de ladite église, veu qu'ils les endommagent et bouchent le jour d'icelle ainsi que de la sacristie. »

Un mémoire produit par le curé nous apprend qu'il se faisait dans l'église trois quêtes, dont il était dépositaire, sans compter celles qui avaient lieu pour la fabrique :

1º La quête pour saint Sébastien, dont le trésor de l'église prenait un quart, le reste « vertissant au bénéfice dudit sieur curé et aux prêtres qui disent les messes pour l'intention de ceux qui donnent l'offrande ; »

2º La quête pour les pauvres, dont la distribution de tout temps avait été remise au curé ;

3º La quête pour le Rosaire, dont le produit servait à l'entretien de l'autel du Rosaire et à la rétribution des prêtres qui y disaient la messe, et dont il n'avait pas davantage à rendre compte.

La réplique des habitants montre que de part et d'autre, l'irritation était très-vive.

« Il est surprenant, disent-ils, que pour un pasteur qui ne devrait chercher qu'à maintenir le bon ordre et la paix en sa paroisse, il fasse paroitre une animosité peu tolérable et se répande en invectives, dans le temps qu'il ne s'agit que de savoir si les demandes formées contre lui sont régulières ou non.

» Les sieurs habitans propriétaires de la dite paroisse seraient en état de justifier sous les yeux du siège que, le sieur curé, poussé par quelques personnes qui ne se plaisent que dans le désordre, n'a cherché depuis un très-long temps qu'à leur faire de la peine. Il ne s'est pas beaucoup embarrassé de prendre le parti des étrangers, de les soutenir dans les persécutions et vexations qu'ils ont exercées contre la paroisse ; il leur a suscité un procès devant M. l'intendant, de gayté de cœur, sous prétexte de quelques réfections tombant à leur charge.

« Sur le chef des questes, les paroissiens ont

lieu d'estre surpris des exceptions proposées par le sieur curé, après estre convenu de s'estre emparé de toutes, à la réserve de celles faites pour l'église et du tiers de celle de saint Sébastien, avoit dit les avoir dans des sacs séparés, qu'il les représenteroit et qu'il en avoit achepté un vase d'argent, avoir publié à son prône, qu'il vouloit rendre compte des dites questes, parce qu'il étoit menacé. Aujourd'hui il change de langage et prétend que ces questes luy appartiennent. »

Quant aux titres de la fabrique, les habitants maintiennent que le curé en a enlevé une partie et qu'on n'a pas retrouvé dans les archives plusieurs pièces notamment un accord entre les habitants et le sieur le Vilain, prêtre.

On ignore quelle fut l'issue de ce procès, mais il est permis de supposer qu'un accord amiable mit fin à ces contestations scandaleuses.

Ce curé Requier se servait d'un cachet armorié qui mérite d'être décrit. Il portait : d'azur au chevron d'or, accompagné en chef, à dextre, d'un agneau pascal, à senestre, d'une balance, et en pointe, d'un *requin nageant sur les ondes*, l'écu posé sur un bâton prieural. On y trouve avec les deux noms de des Londes Requier, les attributs des doubles fonctions de curé de Montsor et de doyen rural de Lignières-la-Carel qu'il remplissait.

En terminant cette revue critique de l'histoire de Montsor nous sommes heureux de pouvoir combler un desideratum de M. Antoine. M. Antoine a trouvé au XVIIIe siècle, la mention d'une chapelle du Rosaire, de quêtes du Rosaire, etc. Il en a conclu qu'il avait dû exister dans l'église de Montsor une confrérie du Rosaire. Cette conjecture se trouve justifiée par un document dont voici l'analyse.

Le 12 octobre 1631 « pardevant Mathieu Lecomte notaire royal du Mans, demeurant en Montsor, paroisse de Saint-Pater, sont comparus Mᵉ Françoys Grisard presbtre, curé de la paroisse de Saint Pierre de Monsor, forbourg d'Alençon, lequel tant pour lui que pour les soubsignez en la requeste par eulx présentée au réverend père Mᵉ Françoys Guerin, docteur en théologie et prieur du couvent de l'ordre des Freres Prédicateurs dicts Jacobins du Mans, se sont adressés audict révérend père prieur estant en l'église dudict Monsor, lequel ils ont requis et supplié vouloir en icelle église establir et ériger la confrérie et société du Saint-Rosaire de la glorieuse et sacrée vierge Marie.....

» Lequel sieur prieur a iceulx suppilans receuz à l'octroi de leur requeste, qu'il a en nostre présence signée de sa main. Et en ce faisant, a procédé à l'institution et establissement du dict Rosaire en la manière qui ensuyt.

« Premierement a prins possession réelle et actuelle de la chapelle estant dans l'église dudit Montsor, en laquelle il y a à présent un tableau dudit Rosaire estant en la forme accoutumée, et sans opposition ou empeschement d'aucune personne, comme n'estant dotée ny fondée d'aucun patron, pour icelle chapelle demeurer désormais et à tousjours mais soubs le nom et tiltre dudict sainct Rosaire.... avec protestation, qu'en cas d'abus, de manquement auxdits debvoirs cy dessus, de simonie ou négligence, de la révocquer ; quoy arrivant, dés à présent, comme dès lors dudit abus, la revocque ; et pour cest effet s'en est réservé la congnoissance et arrest des comptes à lui et à ses successeurs, prieurs dudit couvent.

« Faict en l'églisc dudit Montsor, ès présence des assistants soubssignez et de vénérables et discrètes personnes M. Robert Girard, Françoys Frémont, Gieffoy Benard, prebtres, Nicollas Houssemaine, sieur de la Hauterie, Ollivier Lesage, sieur des Brosses, Michel Lemaistre, Michel Pelletier, Josse Mareys, Gerard

Besnyard, sergent royal, André Froget et plusieurs autres. »

La critique historique n'a évidemment rien à voir avec la croyance au merveilleux. Que l'on dise, par exemple, qu'à Montsor, l'interruption du culte de saint Sébastien a été signalée une première fois par une terrible épidémie, la seconde par une série de morts subites, il importe peu. Mais est-il permis, dans un travail archéologique qui a la prétention d'être sérieux, de mêler aux événements les plus mémorables, accomplis sous nos yeux et dont le souvenir est encore palpitant, des légendes qui ne relèvent évidemment que du domaine de la fantaisie, et d'altérer la gravité de l'histoire en faisant intervenir dans le récit de faits qui parlent assez d'eux-mêmes, des personnages analogues aux Dieux d'Homère, mais infiniment moins poétiques ? D'après M. Antoine si Alençon n'a pas été livré aux flammes le 15 janvier 1871, à l'entrée des Prussiens, on le doit à l'intercession d'une dame qui, en ce moment, était en prière aux pieds de la statue de Benoît Labre. Il ajoute qu'en entrant à la Préfecture, le grand duc de Mecklembourg se serait écrié, comme Attila sous les murs de Rome : Qui donc m'a empêché d'incendier Alençon ?

Nous le demandons à tous les hommes de bon sens, quelle idée nos vainqueurs auraient-ils de nous si, par malheur, cette légende qui est presque une parodie, venait à tomber sous leurs yeux ? « Quoi, c'est à ces fictions sentimentales que les Français s'intéressent, et voilà ce qu'ils ont tiré de la leçon de 1871 ? Comme aux Athéniens, il leur faut des contes d'enfants pour leur épargner la peine de remonter aux causes des événements qu'ils ont eux-mêmes provoqués et de réfléchir au moyen d'en empêcher le retour. Le monde des illusions et des chimères sera toujours leur élément. Incapables d'accepter virilement la responsabilité de leurs actes et d'en subir avec courage les conséquences, il leur faut des maîtres et des sauveurs, pour régler leur conduite et les tirer des mauvais pas où les jette fatalement leur imprudence et leur folie. » Voilà ce que pourrait dire le grand-duc de Mecklembourg si les *Recherches sur Montsor* parvenaient jusqu'à lui

Quant à nous sans vouloir contester le mérite réel de ces Recherches que nous aurions voulu seulement un peu plus approfondies et plus éclairées, nous avons cru remplir un devoir en relevant avec fermeté des erreurs de jugement et de doctrine qui peuvent contribuer à entretenir dans les esprits un état d'engourdissement ou de demi-sommeil et qui empêchent notre département d'occuper dans la littérature et dans les sciences morales la place à laquelle il pourrait aspirer.

L. D.

Alençon. — Imp. Marchand-Saillant, rue du Cours.

www.ingramcontent.com/pod-product-compliance
Lightning Source LLC
LaVergne TN
LVHW010340230826
846091LV00009B/3961
9782019216696